Michel Bolen

De barman à PDG

ISBN : 978-2-9591308-0-9

Préambule

Ce livre est une collection d'histoires, de moments vécus, qui m'ont façonné, changé et qui, je l'espère, vous parleront. Mon souhait le plus cher est que ces pages soient plus qu'un récit et qu'elles soient un dialogue entre nous, un partage d'enseignements et d'émotions qui, en toute simplicité, pourront peut-être toucher votre cœur.

Je suis simplement quelqu'un qui a vécu, avec son lot d'échecs, de triomphes, de joies et de peines. J'ai gravi des échelons, j'ai trébuché et j'ai même parfois fait du surplace, mais chacune de ces expériences m'a offert des leçons inestimables.

Je vous invite à lire ces pages non pas comme un manuel, mais comme un voyage dans le vaste paysage de l'expérience humaine. Chaque chapitre est une escale, chaque apprentissage est une destination. Et si vous trouvez, ne serait-ce qu'une phrase, un mot, qui résonne en vous, alors j'aurai réussi mon humble mission.

L'Appel du Rétroviseur

Ah, grandir en tant que petit dernier d'une fratrie de trois, n'est-ce pas une expérience unique ? Surtout quand vos frères sont des jumeaux avec des liens presque télépathiques. Imaginez un peu le tableau : moi, Michel, le cadet, comme un satellite gravitant autour d'une planète à deux têtes. C'était comme être le troisième mousquetaire dans une équipe qui n'a que deux épées. J'étais aimé et gâté, mais dès le début, j'ai su que j'allais devoir déployer des trésors d'ingéniosité pour occuper ma place dans ce microcosme familial.

Ma mère, une femme au foyer d'une patience d'ange, et mon père, ce formidable expert dans le monde de l'industrie - un alchimiste des temps modernes - nous ont fait vivre une enfance nomade, émaillée de voyages.

Les voyages ! Des déplacements professionnels de mon père qui se transformaient en autant de petites aventures pour nous. Il avait cette façon bien à lui de nous annoncer ces périples : un petit avion en métal pendu au rétroviseur de sa voiture. Une mise en scène digne d'un film de Spielberg pour les yeux émerveillés d'un enfant de huit ans. À chaque apparition de cet avion, mes tripes s'envolaient. Un frisson parcourait ma colonne vertébrale, en dépit de l'appréhension de dire au revoir à mes copains.

Ne dit-on pas que « les voyages forment la jeunesse » ? Montaigne, ce bon vieux sage, savait de quoi il parlait. Mais, pour moi, le voyage a pris un tournant brutal et inexplicable. Un jour sombre en Arabie Saoudite, une route déserte, et la voiture de mon père qui dévie de sa trajectoire comme un météore en perdition. Ce jour-là, notre vie d'errance s'est arrêtée net, comme un disque rayé qui cesse soudain de jouer sa mélodie.

Ce fut le moment où j'ai appris que même les voyages ont une fin, et que la vie, elle, continue. Ces voyages, qu'ils soient géographiques, émotionnels, ou même tragiques, sont des morceaux de puzzle qui vous façonnent, qui vous font grandir, qui vous transforment.

L'aventure n'est pas toujours au bout du monde. Parfois, elle est là, juste en vous, en attente d'un coup de pied aux fesses pour jaillir et changer votre vie.

Leçons d'une Cravate

Bac-3. C'est le maximum que j'ai pu donner à l'éducation nationale. Et encore, pour pouvoir quitter l'école plus tôt que prévu, ma maman deale avec moi une année en Flandre pour apprendre le néerlandais.

Apprendre une langue étrangère est certes plus enrichissant que de rester assis en chien de faïence à ingurgiter par cœur des élucubrations jusqu'à en avoir la nausée. J'accepte. D'ailleurs, je maîtrise déjà l'anglais, grâce aux voyages de mon enfance. J'ai même fait l'école américaine en Algérie. C'est joli sur un CV et ça fait de moi un trilingue. Parfait pour commencer ma carrière professionnelle.

1988. J'ai 18 ans et je suis prêt à embraser le monde. Enfin ! J'apprends qu'un hôtel renommé sur la Grand-Place de Bruxelles cherche un barman. Je me présente un mercredi après-midi. Cheveux longs et boucle d'oreille, j'avais quand même pensé à mettre un pseudo costume, pour faire un peu d'effet.

Je suis embauché à la seule condition de passer chez le coiffeur et d'enlever l'objet pendu à mon oreille. Je m'y résous.

Trois jours plus tard, formation sur le tas directement face aux clients. Je suis sapé comme un pingouin et je n'arrive pas à faire le nœud de ma cravate. À vrai dire, ce n'est pas tout à fait le type d'exercice qu'on vous apprend à l'école…

Je ne me démonte pas et je file vers la salle de réunion où Yves, la personne qui m'a embauché, se trouve. Je frappe à la porte, on me dit d'entrer et je me retrouve face au Comité de Direction, le col déboutonné et la cravate à la main. Je les regarde un à un, tranquillement. On me demande ce que je veux.

Je réponds simplement : « faire mon nœud de cravate ».

Le directeur général, un brin amusé, me demande d'approcher.

Je le rejoins avec un sourire. Il prend ma cravate, l'apporte à son cou, fait le nœud, l'ajuste à ma taille et me dit que je peux disposer. Avant de partir, j'aperçois Yves qui me regarde d'un air surpris. Son sourire en coin m'indique que j'ai suscité en lui au mieux de l'intérêt, au pire de la curiosité. Finalement, ça commence plutôt bien…

OSER

OSER. C'est un simple mot, presque anodin. Pourtant, ce mot a été mon phare dans la brume, tout comme ce petit avion en métal suspendu au rétroviseur de mon père.

OSER. Un verbe, quatre lettres, une boussole pour la vie.

Oser demander, car si vous ne le faites pas, la réponse sera toujours non.

Oser prendre des risques, parce que le confort, aussi séduisant soit-il, est l'ennemi du progrès.

Oser déménager, non pas seulement d'adresse, mais d'état d'esprit.

Oser être différent, car c'est là que se trouve votre valeur unique.

Oser, tout simplement, parce qu'à la fin, vous ne regretterez pas les choses que vous avez faites, mais celles que vous n'avez pas osé faire.

Comptoirs et Comptes

La vie de barman : l'alchimie du cocktail, les demandes excentriques de clients bourrés, les pourboires gracieusement offerts ou fièrement mérités. Mais ce n'était pas que cela. Chaque soir, après mon dernier service, je retrouvais Raymond, un colosse néerlandais à la réception. On ne parle pas d'un simple poulain, mais d'une véritable montagne de 120 kilos de muscles et de bon sens.

On papotait jusqu'à l'aube, mais ce n'était pas que pour les rires et les potins. Raymond me dévoilait les secrets de son travail de night auditor et la façon dont il jonglait avec les chiffres comme un magicien fait apparaître une colombe. C'était fascinant. Il connaissait les entrées et sorties de l'hôtel sur le bout des doigts, faisait des analyses, ajustait les erreurs. C'était comme un gardien du temple des finances.

LA NOTION DU TEMPS

J'ai arrêté de regarder le cadran de l'horloge comme si ma vie en dépendait. Je préfère voir chaque heure investie comme un dépôt dans ma banque de compétences, d'expériences et de rêves. Le monde moderne vous vend l'illusion que tout est rapide, simple, à portée de clic. Mais même dans cette ère digitale, il y a des choses qui prennent du temps. Et ce temps, je préfère le considérer comme un investissement plutôt qu'un coût. Car, à la fin de la journée, chaque seconde que j'investis dans mon apprentissage, c'est une seconde que je récupère avec intérêt.

Combien de temps êtes-vous prêt à investir pour devenir la meilleure version de vous-même ?

Évolution nocturne

La nuit s'installait doucement, un voile obscur étiré sur les pavés et les façades. Pieter, mon directeur, fronçait les sourcils et jetait des coups d'œil nerveux à l'horloge. « Raymond n'est toujours pas là. Et il est déjà 23 heures, » dit-il, comme s'il s'adressait à une assemblée d'anges invisibles.

« Je pourrais m'occuper de la réception cette nuit, » je lui lance, armé de mon sourire le plus rassurant.

Pieter semble sceptique. « Ce n'est pas aussi simple, tu sais. Il ne s'agit pas seulement de veiller. Il faut analyser des chiffres, clôturer la journée, préparer les petits déjeuners... »

« Ah, ne vous inquiétez pas pour ça, » je rétorque. « Raymond et moi, on a passé pas mal de nuits blanches ensemble. Je connais la routine. »

Après quelques secondes de silence, Pieter cède. « D'accord. Mais je resterai à l'hôtel, au cas où tu aurais besoin de moi. »

La nuit s'écoule sans incident. Pieter revient à 6 heures du matin, épluche mes calculs, scrute les registres. « Parfait, » dit-il, la surprise se dessinant sur son visage. « Pas la moindre erreur. »

Raymond ne reviendra jamais, décidant de retourner aux Pays-Bas. Ainsi, en l'espace de deux trimestres, je passais du shaker à la calculette, de barman à night auditor.

Au début, je m'étais assis avec Raymond pour simplement égayer ses nuits solitaires. On parlait de la pluie et du beau temps, des matchs de foot et des recettes de sa grand-mère. Et puis, à chaque fois, il me passait des tâches, de plus en plus complexes. Sans m'en rendre compte, je grimpais les échelons.

Je n'avais pas prévu cette évolution, elle s'était imposée à moi. Je venais d'apprendre la leçon la plus précieuse de ma vie : parfois, les meilleures opportunités se cachent dans les lieux les plus improbables, même dans les conversations anodines d'une nuit ordinaire.

À partir de ce moment, mon horizon s'élargit. Et si devenir directeur d'hôtel en 40 trimestres était possible ? Qu'est-ce qui m'en empêchait ?

Liaisons Matinales

1989. C'est l'année où je plonge dans le monde fascinant du night auditor. Je dois dire, ce job a ses avantages. On devient vite une sorte de Sherlock Holmes des heures sombres, percevant tous les petits secrets que la nuit a à offrir. Des arrivées tardives aux clients que je dois gentiment mettre à la porte parce que, « c'est complet, désolé ! »

Sans parler des personnages qu'on rencontre à des heures où même les hiboux sont perplexes. Il y a ceux qui font du business de nuit, si vous voyez ce que je veux dire et il y a les moments où le grand hôtel se transforme en maison hantée avec des portes toujours ouvertes. J'aurais de quoi écrire tout un livre sur ce que j'ai vu la nuit.

Un soir, alors que je tiens la forteresse à la réception, une tête surgit de l'ascenseur. Le monsieur semble vouloir que je m'approche. Ah non, pas question, monsieur. Il insiste, et je fais pareil. Finalement, il avance vers moi, tout nu, se cachant les bijoux de famille comme s'il jouait à une sorte de strip-poker raté. Il me demande un double de ses clés, l'original étant prisonnier de sa chambre. « Comment diable vous êtes-vous retrouvé dans cet état ? » lui dis-je. En fait, il avait visiblement tenté de fraterniser avec une collègue dans la chambre d'à côté, mais elle n'a jamais ouvert la porte. Des histoires comme ça, j'en ai un sacré paquet.

Être un night auditor, c'est aussi être un loup solitaire. Alors pour ne pas me sentir totalement isolé, je prolongeais ma journée. Tous les matins, je restais avec mes collègues qui arrivaient pour me remplacer à 7 heures pour faire les check-out (mot anglais pour dire départ). Je restais jusqu'à 11 heures, juste pour voir les visages frais (ou pas) des clients qui quittaient l'hôtel. Même celui de mon ami exhibitionniste, qui est resté mon petit secret.

Six trimestres plus tard, la lumière du jour me fait signe et je deviens réceptionniste de jour, en route vers mon poste de Chef de réception. Mais la vie, toujours pleine de surprises, m'envoie faire mon service militaire, me retardant dans mes plans, de quatre trimestres.

SE FIXER DES OBJECTIFS

La route est longue et personne ne vous donne une carte au début. Mais voici ce que j'ai appris : fixer des objectifs est comme dessiner ma propre carte. Pas trop ambitieuse pour me perdre, pas trop modeste pour me limiter. Juste assez pour m'orienter et m'épanouir. Qu'il s'agisse de carrière ou de développement personnel, cette carte me permet de savoir où je vais, sans m'imposer comment y aller.

On ne découvre pas de nouveaux horizons sans perdre de vue le rivage.

La Poignée de Main

1990. On me convoque pour le service militaire en Allemagne pour onze mois. Autant dire que cette nouvelle ressemble plus à un frein à main sur ma carrière qu'à une aubaine. Cependant, la vie a cette façon d'être imprévisible, comme ce jour dans la cuisine de ma copine de l'époque.

Sa mère, sourire aux lèvres, entre en scène avec son nouvel homme. Costume impeccable, médailles en pagaille, il me serre la main en se présentant comme Lieutenant-Colonel. Cette poignée de main, comme la patte d'un chat noir, change tout.

Au lieu de la semaine d'intégration prévue, je n'ai que trois jours à faire. L'Allemagne se métamorphose en École Royale Militaire de Bruxelles. Et moi, le bidasse, je deviens serveur au mess des officiers. Miracle des miracles, je réussis à conserver mon boulot à l'hôtel, grâce à une entente avec mon directeur.

Je me lève à 5 heures du matin pour servir le déjeuner aux officiers à Bruxelles. À peine le service terminé, je saute dans ma voiture pour être réceptionniste à l'hôtel de 15h à 23h. Ensuite, une heure de route pour rejoindre mon lit. Je dors 4 à 5 heures par nuit.

Comme dit le proverbe, l'avenir appartient à ceux qui se lèvent tôt, mais il ne mentionne jamais l'heure du coucher.

David, collègue et ami, travaille dans un restaurant huppé. C'est mon Yoda de la restauration, il me montre comment jongler avec les assiettes et servir les officiers sans laisser tomber la cuillère dans le potage. Avec David, nous formons le duo de choc pour les hauts gradés de l'armée. Cerise sur le gâteau : nous servons lors des visites de la royauté et des cérémonies pour les anciens combattants. Pas de tâches ingrates, pas de nettoyage des toilettes pour nous deux. Et comme cerise sur cette cerise, notre commandant nous nomme Caporaux. Qui l'eût cru ?

LES RENCONTRES DE LA VIE

Dans la grand-messe de la vie, chaque rencontre est un psaume qui mérite d'être chanté, une énigme qui mérite d'être résolue. Imaginez que chaque personne que vous croisez soit un livre unique dans la bibliothèque infinie de l'existence.

À chaque poignée de main, à chaque sourire échangé, une nouvelle page se tourne. Parfois, ces pages recèlent des conseils en or, des perspectives inédites qui enrichissent votre vie d'une manière ou d'une autre.

Ne négligez pas les rencontres, car chacune a quelque chose à vous enseigner. Que ce soit un doux refrain à répéter ou un avertissement grave à prendre au sérieux, chaque personne ajoute une nuance à votre tableau de vie. Ce sera à vous de choisir quels pinceaux, quelles couleurs vous voulez vraiment utiliser pour votre propre chef-d'œuvre.

Le pari de la patience

1991. Mon service militaire désormais dans le rétroviseur, je me pointe dans le bureau cossu de mon directeur d'hôtel. Là, entre un ficus et une machine à café qui a vu des jours meilleurs, je lui lance, un brin fébrile : « Vous savez, j'aimerais avoir un peu plus de viande à ronger, si vous voyez ce que je veux dire. Plus de responsabilités, quoi. »

Il fait tourner son stylo entre ses doigts, lève les yeux et me dit : « Écoute, Michel, tu es un bon élément, mais pour le moment, mon orchestre joue déjà sa partition. Il n'y a pas de tabouret libre. »

Sentant que j'avais le dos au mur, je joue ma dernière carte. « Dans ce cas, il va peut-être falloir que je trouve un autre orchestre qui a besoin d'un premier violon. J'ai soif de diriger une équipe, d'entrer dans la danse du management. »

L'homme marque une pause, puis crache le morceau : « Je ne veux pas te perdre. Des changements sont en cours avec le rachat d'une chaîne d'hôtels. Ton expérience chez nous pourrait être un véritable atout. Peux-tu me donner quelques mois pour voir comment les choses évoluent ? »

Je réfléchis, puis acquiesce : « D'accord, je vais m'accrocher au mât encore un peu et voir si la marée monte. »

LA CONFIANCE

La confiance envers ceux qui nous dirigent n'est pas toujours un acquis, surtout quand on sent que la pression est forte. On peut croire que nos supérieurs cherchent à « presser le citron » jusqu'à la dernière goutte, mais changeons de perspective un instant. Et si cette pression n'était autre qu'une forme de mentorat déguisé, une tentative pour nous faire atteindre notre plein potentiel ? J'ai choisi de voir les choses sous cet angle et, la plupart du temps, cela a porté ses fruits.

La chance joue un rôle, bien sûr, mais n'oublions pas que la chance se mérite. Elle ne débarque pas sur votre palier comme un colis non sollicité. Elle est le résultat d'un effort continu, de la volonté de s'ouvrir à l'incertain en misant sur la confiance. En somme, la chance que vous expérimentez est souvent celle que vous avez, consciemment ou non, façonnée.

L'Ombre du Scandale

1992. Me voilà à Gand, non pas pour savourer ses pralines, mais pour me plonger dans les couloirs d'un hôtel en pleine mue.

On me donne les clés du royaume, ou plutôt du hall d'accueil et je suis chargé de mettre en place ces fameux standards de la marque. C'est là que je rencontre ce personnage fascinant, mon nouveau directeur. Le genre à lire son journal dans son bureau pendant que l'Apocalypse se déroule à la réception. Mais, l'homme sait lire un compte d'exploitation comme personne. Un magicien des chiffres et un cordon-bleu d'exception. Cependant, dans un hôtel sans restaurant, toutes ces compétences culinaires, c'est comme être un pêcheur dans le désert. Une vraie perte ! Alors, on forme un duo : je suis sur le terrain, il s'occupe de l'administratif. Comme Astérix et Obélix. On ne combat pas les Romains, mais les mauvaises pratiques hôtelières.

Ce premier épisode se passe bien, vraiment bien. On m'envoie à Bruxelles, l'autre bastion de la marque. Je découvre la quatrième dimension. Je me retrouve assistant de direction dans une structure bien plus grande. Il y a un sous-directeur et un directeur au-dessus. Le sous-directeur a son propre restaurant qu'il doit faire tourner pendant la pause déjeuner. Le directeur, lui, est une sorte de "baron", un homme trop occupé à être important pour s'occuper de son hôtel.

Le vrai twist arrive quand je découvre que notre employée des étages va chaque semaine chez ce fameux directeur pour faire le ménage dans sa maison personnelle. Je me gratte la tête, me pince et je finis par appeler mon ancien directeur pour avoir son avis. « Non, Michel, ce n'est pas normal », me dit-il. Je le savais !

Et ça continue. Un beau matin, je vois le fournisseur du petit déjeuner en train de remplir le coffre de la voiture du directeur. Des légumes, de la viande, rien à voir avec nos besoins pour le petit déjeuner. Enfin, j'ai la confirmation par le sous-directeur avec qui je commence à m'entendre. « Ce

n'est pas du grand banditisme, mais ce n'est pas propre »,
me confie-t-il.

Une carte essence multifonction, capable de remplir trois
réservoirs en simultané. 7000 dollars, un joli petit pactole
remboursé par les assurances et jamais déclaré, reposaient
dans le coffre du directeur. Miracle de la synchronicité, cette
somme s'évapore justement la veille d'un audit financier.
J'imagine bien les billets verdir en découvrant leur liberté
nouvellement acquise. Et comme si cela ne suffisait pas,
notre cher directeur s'est avéré être le Cupidon du monde
des affaires, distribuant généreusement notre liste de clients
à un concurrent flambant neuf. Ce concurrent, grâce à notre
directeur et son influence tentaculaire à la mairie, était
devenu la nouvelle étoile montante. Je pourrais en dire plus,
mais je préfère m'arrêter là.

J'étais tellement sidéré que j'ai pris mon courage à deux
mains et j'ai décidé de parler au directeur des opérations, le
big boss, celui qui tient les rênes de tous les hôtels en
Belgique. Son bureau ? En France, parce qu'il gère aussi le
nord de la France. Il atterrit dans mon univers chaotique et

m'invite au restaurant. Une soirée « confessions » sous les néons du restau. Je déballe tout, je vide mon sac. « Fais-moi confiance, Michel, je vais régler ça », me dit-il en terminant son espresso.

Le lendemain, à 8h pétantes, je suis convoqué dans le bureau du directeur. En ouvrant la porte, surprise ! Le directeur des opérations est là aussi. Un peu le sentiment d'ouvrir la porte sur une fête surprise dont on serait à la fois l'invité d'honneur et la pinata. « Michel, pourrais-tu répéter ce que tu m'as dit hier soir ? » me demande-t-il, en présence de mon directeur. Je ne m'y attendais pas, je me sens un brin fébrile. La tête haute, je raconte tout à nouveau. Trente minutes plus tard, le verdict tombe : « Je suis vraiment déçu, Michel. Comment peux-tu inventer tant de mensonges ? » L'air s'épaissit, le sol semble se dérober sous mes pieds. On me montre la porte.

Quelques heures plus tard, le sous-directeur est viré. Mon directeur, pendant des semaines, vient dans mon bureau, juste pour me dire qu'il ne comprend pas mon geste.

Pas un bonjour, rien, sauf une dose quotidienne de stress. Tout ça s'arrête enfin lorsqu'un audit interne révèle que le comptable, ce cher artiste, gérait en fait deux comptabilités. Ils se font tous virer peu après.

Quelques semaines plus tard, je suis transféré à mon premier hôtel, celui où j'ai fait mes premières armes. Une sorte de retour aux sources, nécessaire pour fuir cet endroit maudit.

LE COURAGE

Il m'a fallu du courage pour dépasser la barrière invisible de la hiérarchie et atteindre ceux qui semblaient inatteignables sur le papier. Mais c'est ce même courage qui m'a poussé à rester cohérent dans mon discours, même lorsque la pression menaçait de m'écraser.

Parfois, le chemin de la rectitude semble semé d'obstacles insurmontables, mais ce sont ces défis qui aiguisent notre courage et renforcent notre intégrité. Dans ce contexte, le courage n'est pas seulement un acte de bravoure, c'est un acte de fidélité, envers soi-même, envers son entreprise et envers les valeurs qui font qui nous sommes.

En fin de compte, le courage nous permet non seulement de faire face aux défis, mais aussi de devenir des versions plus authentiques de nous-mêmes.

Entre le Marteau et l'Enclume

Retourner dans cet hôtel, c'était un peu comme rentrer à la maison après un long voyage. Retrouver les complices de toujours, ceux avec lesquels on a partagé des rires et des frasques, des sorties qu'on n'oubliera pas.

Le travail, c'est un peu notre deuxième famille, n'est-ce pas ? On y passe tellement de temps…

Alors, lorsqu'un nouveau directeur est arrivé, un Français charismatique, qui parle avec aisance et dont la rigueur n'est égalée que par sa propre exigence et je ne parle pas seulement de son intransigeance envers les autres, mais également de celle qu'il s'impose. Patrick. Juste, mais reconnaissant, il avait la recette parfaite du patron. Il est rapidement devenu mon modèle.

À peine quelques mois plus tard, alors que j'avais déjà les billets pour une évasion sur une île, l'appel de Patrick retentit. Son bureau, habituellement un antre de décisions, devint le théâtre de ma nouvelle vie.

L'adjoint de direction, il n'en voulait plus. La proposition était claire : le poste pouvait être mien, si j'étais prêt à abandonner mes congés.

À vingt-trois ans, le choix entre sable chaud et responsabilité froide ne m'a pas pris longtemps. J'ai opté pour le poste, laissant mon voyage de côté.

Bien sûr, j'avais de l'expérience sur le terrain, mais je naviguais en eaux inconnues dès qu'il s'agissait de gestion et de management. Patrick allait devenir mon mentor. Ses éloges étaient connus de tous : un formateur, un sculpteur de talents. Et il n'était pas à son coup d'essai, ceux qui étaient passés sous son aile volaient déjà plutôt haut.

Puis vint le moment où le jeune sous-directeur que j'étais a dû faire ses preuves. Mon premier véritable défi ? Licencier un collègue de réception, un ami avec qui j'avais partagé bien plus que des records de check-out. Nous avions écrit ensemble des histoires en dehors des murs de l'hôtel. Mais le jour où il s'est fait prendre, les doigts dans la caisse et l'honneur dans les chaussettes, je n'ai pas eu d'autre choix que de couper court à son contrat. Sans un mot, il a pris la porte, et notre amitié s'est dissoute dans le silence de son départ.

Mon nouveau patron, flairant mon appétit pour les défis, m'a jeté dans la fosse aux lions avec un os à ronger : la rénovation de la salle du restaurant. « Voici ton budget et ne me déçois pas », semblait-il dire avec son regard pénétrant. C'était ma toile vierge, ma chance de briller. J'ai jonglé avec les propositions, jonglé avec les ouvriers, jonglé avec les contraintes. Et une fois le projet avalisé, les travaux ont démarré.

Des mois de chantier, pendant lesquels il a fallu jouer au Tetris avec les espaces pour ne pas perdre une miette de notre affaire. Et là, oh surprise, une petite nouvelle s'infiltra : la gestion des entreprises extérieures. Quelle valse ! Entre les délais qui jouent à l'élastique et les budgets qui s'envolent, chaque jour apportait son lot de négociations et d'acrobaties financières. Mais le jeu en valait la chandelle, le restaurant s'est transformé en un joyau, avec en pièce maîtresse une fresque de la Grand-Place de Bruxelles, si majestueuse que les clients venaient bavarder avec l'artiste encore à son œuvre.

Quant aux salles de séminaire, on nous dira « un business qui roule », jusqu'au jour où je me fais traiter de « Marcel » parce que nos pauses café étaient aussi innovantes qu'une chanson de variété des années 70.

« Fais mieux », me lance mon directeur avec son sourire de Sphinx. Eh bien, challenge accepté !

J'ai transformé les salles de séminaire en chambres d'hôtel. Pourquoi donc ? Parce que notre hôtel, planté en plein cœur de Bruxelles, attire hommes d'affaires et touristes comme un miel attire l'ours.

Le taux d'occupation affleurait un joli 90% qui narguait l'année. Les salles de réunion étaient aussi utiles que des palmes à un pingouin. Les chambres supplémentaires en revanche, c'était de l'or en barre. Mon idée a fait mouche et voilà que je plonge tête première dans l'art du business plan. Un vrai casse-tête chinois qui, une fois résolu, promet des cascades de chiffres verts.

Bingo ! Le problème des pauses café résolu et les résultats de l'hôtel qui s'envolent comme un cerf-volant par grand vent.

Patrick avait le don de me lancer des défis comme on lance des friandises à un chien bien dressé. « Le grand manitou débarque avec son assistante », me glisse-t-il avec ce sourire de connaisseur. C'était la semaine de la fête du personnel, notre petit rituel annuel, l'excuse parfaite pour laisser les cravates au placard et les titres pompeux à l'entrée.

Une belle ripaille pour célébrer nos troupes, pour leur taper dans le dos et dire sans vraiment le dire : Bravo mousquetaire ! Sans toi, la boutique, c'est pas la boutique ! Ces soirées-là, c'est le cœur de la boîte qui bat au rythme des rires et des danses. On fait tomber les masques, on rapproche les cœurs et on soude les esprits. Débuter l'année sur cette note, c'est comme lancer un « en avant ! » retentissant pour les douze mois à venir.

Et quand les conjoints sont de la partie, c'est le jackpot ! Chacun gonfle le torse, présente sa moitié : « Voilà mon roc, mon refuge, ma raison de ne pas foutre le patron par la fenêtre certains jours ! » On embarque tout le monde dans le grand navire de l'entreprise, les objectifs deviennent affaire de famille, le succès une œuvre collective.

Mais revenons à notre assistante. Patrick, dans sa grande sagesse, me confie la mission de l'occuper. « Qu'elle ne s'ennuie pas », qu'il dit. Il ne faut pas me le demander deux fois.

La soirée de la fête a été le début d'un feuilleton qui dure depuis trente ans. Elle ne s'est jamais ennuyée et pour cause, elle est devenue ma compagne de vie, la mère de mes enfants et la co-autrice d'une histoire qui se déguste jour après jour, saison après saison. Comme quoi, la vie professionnelle, c'est aussi le berceau de bien des romans personnels.

L'EXEMPLARITÉ

L'exemplarité, c'est l'art de naviguer avec intégrité sur l'océan professionnel : être juste, communiquer avec transparence et garder le cap de nos promesses. Dans cet équilibre délicat entre la gratitude et la fermeté, on tisse le tissu d'une réputation immaculée. C'est en se montrant exemplaire que l'on devient une boussole pour les autres et c'est par là que notre parcours, simple en apparence, devient une carte au trésor pour qui sait lire entre les lignes de la vie.

SAISIR LES OPPORTUNITÉS

Les opportunités ne demandent qu'à être saisies. Les repousser à demain, c'est souvent les regarder s'évanouir à jamais. Il est nécessaire de les reconnaître et de les accueillir à bras ouverts, avec le courage de celui qui sait que l'avenir se construit sur les décisions du présent.

En réalité, chaque jour est l'écrin d'une opportunité possible, dissimulée dans les plis de l'ordinaire.

Le succès et l'épanouissement fleurissent là où la peur de l'échec n'étouffe pas la volonté d'agir.

Faisons de l'action notre mantra et des opportunités, notre terrain de jeu, pour que, lorsque le rideau tombera sur notre histoire, nous puissions dire avec certitude : « nous avons vécu pleinement, non pas en spectateurs, mais en acteurs passionnés de notre destinée. »

L'ART DU QUESTIONNEMENT

Chaque rideau qui tombe peut devenir l'ouverture d'une nouvelle scène. Remettre en question l'existant n'est pas un acte de défiance, mais un ballet de l'esprit qui invite au renouveau. L'opportunité de penser différemment se présente souvent déguisée en challenge, en un départ inattendu ou dans le creuset d'une difficulté.

Une vigilance constante contre la complaisance et considérer chaque questionnement comme une graine d'excellence permet de cultiver une performance en perpétuelle floraison.

Le confort de l'habitude est l'antichambre de l'obsolescence.

Seuls ceux qui interrogent le présent avec audace peuvent réellement façonner l'avenir.

Les Mains dans le Cambouis

1996. Quatorze trimestres se sont écoulés, et me voilà, Michel, flambant et prêt à sauter dans le grand bain du management, mais avec des brassards. Patrick, mon mentor aux conseils aussi piquants qu'une moutarde de Dijon, m'a suggéré de devenir adjoint dans une charmante auberge en France. Un hôtel de 86 chambres, c'est moins que les 200 de mon ancien fief, mais chaque chambre a ses quatre murs et son histoire à raconter.

Donc, avec Isabelle, ma chère et tendre, et mes deux rejetons, Marine, la princesse des mers de deux ans, et Julien, le moussaillon de six mois, on a mis les voiles vers Bourges. Là-bas, je ne comprenais pas plus le choix de cette destination que le langage des escargots. Mais j'avais confiance, et cette confiance s'est vite avérée être ma boussole.

Christophe l'aubergiste m'a appris à « mettre les mains dans le cambouis », une expression qui, je crois, devrait être le cri de guerre de tout apprenti sorcier de la direction.

De gros poisson dans un grand étang, me voilà devenu un petit gardon dans une mare, mais un gardon débrouillard ! Je me suis retrouvé à jongler avec les casquettes – cuisinier, serveur, et même technicien – avec plus de rôles qu'une troupe de comédie itinérante. Le soir, je jonglais avec les casseroles et les assiettes, et le jour, je jonglais avec les chiffres et les dossiers.

Chaque poste, une nouvelle aventure, un nouveau challenge, une nouvelle histoire à raconter. Sous-directeur et homme-orchestre d'un établissement où chaque note compte, où chaque représentation peut se transformer en ovation ou en tomates virtuelles. C'était l'ère de l'apprentissage à la dure de l'école de la vie hôtelière.

L'ÉVOLUTION

La progression, comme le voyage d'une vie, ne se résume pas à une escalade incessante vers les sommets. Elle peut aussi signifier descendre délibérément, pour contempler avec recul le chemin parcouru, saisir des vérités qui nous avaient échappé, et renforcer les fondations de notre savoir-faire.

C'est dans la capacité à embrasser chaque expérience, montée ou descente, que se trouve la quintessence de l'évolution personnelle et professionnelle. Chaque pas en arrière peut devenir un élan pour un bond en avant plus assuré, chaque moment de pause une leçon qui solidifie notre ascension.

En somme, toute expérience, qu'elle nous élève ou nous rappelle à l'humilité, contribue à notre croissance.

Cap Nord

1998. Seize mois ont filé depuis ma transition berrichonne et voilà que Patrick devenu directeur des opérations, me sonne. « Mon vieux, c'est le grand saut, tu vas tenir les rênes ! » À vingt-huit printemps, je prenais mon envol : objectif atteint !

Jamais Roubaix, ni Tourcoing... un à priori sans fondement sur le Nord et ses cités. Mais quand le destin frappe, on ne tergiverse pas : on fonce. Direction Tourcoing : un défi en béton armé, un hôtel sur la corde raide, l'activité en berne, un budget plus serré que ma cravate lors des soirées guindées.

Ma mission est un pari fou : relever l'endroit sans une thune. Parfait pour un baptême de directeur : le seul chemin possible était celui montant vers les étoiles. L'analyse faite, le plan d'action était prêt, chaud comme une pizza sortie du four. L'étape cruciale était de partager la vision, insuffler l'esprit de corps. J'ai commencé par jouer les chaises musicales à la réception pour me dégager du temps.

Le directeur, un fantôme à l'accueil ? Plus maintenant ! Embauche d'un réceptionniste, un non-sens financier, mais essentiel pour que je puisse chasser le gibier, je veux dire... les clients.

Avant de lancer l'appel du pied aux nouveaux venus, il fallait mettre de l'ordre dans ce bazar : équipes, établissement et clientèle.

Clientèle déviante attirée par des tarifs aussi bas que les bassesses qu'elle amenait : prostitution, drogue... Bref, le package idéal pour dormir sur ses deux oreilles. J'ai coupé les ponts, écarté les complices internes. La nuit était le théâtre des frasques les plus folles, alors pour ramener la paix, j'ai débauché un colosse, une armoire à glace qui a échangé la froideur de la nuit contre la chaleur de l'hôtel.

Un jeune homme, meuble fixe des lieux, se révèle être un couteau suisse humain : polyvalent, efficace. Une pierre, deux coups : ce gamin était le petit frère adoré d'une famille influente du coin. Une fois l'info diffusée, les fauteurs de trouble se sont évaporés comme de la poudre aux yeux.

Restait plus qu'à remplir l'hôtel. Excursions outre-frontières avec mon compère de Roubaix, nous allions chercher les touristes, et voilà nos chambres pleines comme un œuf. Pas cher vendu, mais les fins de mois n'avaient jamais eu l'air aussi bonnes.

Juin 1999 : Lille nous regarde, ébahie, tandis qu'on affiche le meilleur taux d'occupation de la région. En huit trimestres, on est passé dans le peloton de tête. Plus tard, un projet de rénovation pour l'hôtel occupe mon esprit, un cadeau pour mon successeur qui a transformé l'esquisse en chef-d'œuvre.

LA LOI DES 100 JOURS

Dans les premières heures qui marquent notre arrivée dans un nouvel univers, que ce soit à la tête d'une équipe, d'un projet ou même lors d'un tournant de vie, l'immobilisme n'est pas de mise. Il est plutôt question de contemplation active, une période d'observation, où l'on scrute l'horizon avec acuité pour cartographier le terrain de jeu qui se déploie devant nous.

Cent jours, ni plus ni moins, pour se fondre dans le décor, pour étudier les mécanismes et les personnes qui nous entourent, pour discerner les leviers d'action efficaces. Dans ces cent jours, il y a la gestation d'une stratégie, l'écho d'une future réussite.

Ce principe, que l'on pourrait croire tiré d'une ancienne sagesse, est en réalité une règle moderne de gouvernance de soi et des autres. Il enseigne l'art délicat de l'équilibre entre patience et perspicacité, rappelant que si la précipitation est l'ennemie du bon jugement, l'indécision est, elle, l'adversaire de l'opportunité.

En Scène et en Coulisses

2000. L'an 2000, une année aux contours futuristes chantés par des artistes d'un autre siècle, qui finalement ressemble à bien des égards à ses prédécesseurs. C'était une époque où mon épouse, Isabelle, et moi, bâtisseurs d'un nid aux briques rouges typiques du Nord, avions mis la touche finale à notre cocon près de Lille. Un tableau presque parfait, n'est-ce pas ? Mais, comme les brins d'herbe qui viennent à peine de sortir timidement de terre pour saluer le printemps, nos vies allaient connaître une pousse inattendue.

Alors que le vert tendre de la pelouse rivalisait avec le rouge vif des briques, le téléphone retentit. C'était mon patron avec une proposition aussi surprenante que déconcertante : reprendre les rênes d'un hôtel à Tours, un établissement plus noueux qu'un vieux chêne. Isabelle et moi étions partagés. La mutation avait le doux parfum du retour aux sources pour elle, mais pour moi, c'était l'abandon d'un projet naissant, mon hôtel lillois que je voulais mener à son apogée.

J'ai refusé. Du moins, pendant une quinzaine de jours, avant que la direction, avec ses arguments plus tranchants que les couteaux de notre cuisine, ne me convainque de sauter le pas. Pendant six mois, je fis la navette, un pied dans le Nord, l'autre dans le Val de Loire, cherchant un toit pour abriter ma famille, d'ailleurs il me faudra trouver un petit nid douillet avec une chambre en plus car la famille s'agrandissait d'un petit bonhomme.

Nous habitions à peine à quelques kilomètres de chez mes beaux-parents, ce qui n'était pas pour déplaire à toute la famille.

L'hôtel de Tours, un bijou urbain au potentiel évident, était sous l'emprise d'une figure d'autorité autoproclamée, le délégué syndical. Un homme qui tenait l'équipe dans sa main comme on tient les fils d'une marionnette. Bien sûr, l'idée d'un représentant des employés n'était pas pour me déplaire, mais ici, la balance du pouvoir avait cruellement besoin d'être rééquilibrée.

Ma mission, que j'acceptais avec un mélange d'audace juvénile et d'inexpérience enthousiaste, était de redessiner les contours de nos rôles respectifs. Je manquais peut-être de bouteille, mais pas d'ambition, et j'étais prêt à affronter ce défi, quitte à jouer au jeu délicat de la séduction professionnelle pour reprendre les rênes de l'équipe. Le défi était d'envoyer valser ce délégué sur les touches de l'arène sociale et me hisser, avec tact et finesse, au rang de chef d'orchestre de ce ballet hôtelier.

Les saisons ont défilé et avec elles, quelques trimestres qui m'ont vu jouer aux échecs avec les rôles et les responsabilités au sein de l'hôtel. Le jeu fut rude et je l'ai joué à cœur ouvert, porté par une énergie brute et des convictions inébranlables. Et pourtant, chaque jour, ce chant du cygne d'un syndicaliste, affirmant que j'étais à côté de la plaque, résonnait dans mes oreilles, peu importe la justesse de mes actions.

Ces réunions interminables avec les délégués du personnel, où les questions pleuvaient comme à Brest en novembre, devenaient mon quotidien. Pour cet homme, c'était un théâtre où il jouait le premier rôle, s'octroyant des heures de représentation alors que le véritable travail l'attendait ailleurs. J'avoue, l'idée de fuir ce cirque m'a traversé l'esprit plus d'une fois. Le plaisir au travail se voyait absorbé par ce tourbillon de déraison, mené par un seul individu. Pourquoi tant de zèle ?

Pour illustrer cette saga, un épisode suffira. En vacances, échappant brièvement à ce champ de bataille, j'ai reçu un appel de mon adjoint : la Direction des fraudes avait fait irruption dans notre cuisine après un service pour deux cents personnes. Coïncidence ou non, le syndicaliste, comme s'il avait flairé l'affaire, était là et s'est improvisé guide pour les inspecteurs. La visite fut un désastre : deux malheureux yaourts périmés perdus au milieu d'une armée de leurs congénères ; des produits congelés non conformes et marqués pour retour au fournisseur, mais étrangement dispersés comme les pièces d'un puzzle maladroitement assemblé.

C'était un coup monté, aussi subtil qu'une pièce de vaudeville, qui a fini par me conduire au commissariat, puis devant les juges, comme un vulgaire malfaiteur. Et pour parachever le tableau, une amende de trois mille euros est sortie de ma poche, car dans cette absurde pièce de théâtre juridique, c'est la tête de l'acteur et non le masque de la société qui est mise à prix. Une amende payée par l'entreprise ? Ce serait un abus de bien social, un délit déguisé. La justice a ses raisons que la raison ignore parfois.

Le coup monté fut l'étincelle qui alluma en moi un éclair de lucidité : il fallait ériger une muraille entre ma fonction et mon âme. Je devais apprendre à faire la différence, comprendre que les flèches empoisonnées étaient destinées au directeur, pas à l'homme derrière le titre. Cet individu ne partageait ni mon foyer ni mes dimanches paisibles. Nos chemins se croisaient uniquement dans l'arène professionnelle.

Premièrement, considérez le croque-mort : il ne rapporte pas ses sombres affaires à la maison. Imaginez l'anarchie, le désordre. Il porte son costume funèbre comme une armure, qu'il ôte en franchissant le seuil de son domicile.

Deuxièmement, une danseuse du Moulin Rouge. Sur scène, elle captive, presque dénudée, mais à la sortie, elle est drapée davantage que vous ou moi. Son costume de scène, elle l'enfile pour le spectacle et le laisse dans les coulisses une fois la lumière éteinte.

En d'autres termes, si vous voulez vous prémunir des assauts du théâtre professionnel, enfilez votre costume de scène et jouez votre rôle avec brio. Ne prenez rien personnellement, c'est la cible peinte sur votre fonction qui est visée. Mais une fois le rideau tombé et le seuil de la maison franchi, dépouillez-vous de vos atours professionnels, changez d'habit. C'est ainsi que vous marquerez la fin de la représentation et préserverez votre moi véritable.

La traversée du désert bureaucratique ne m'a pas empêché de planter quelques oasis. Il est essentiel de ne pas perdre de vue l'innovation, de ne pas laisser les contre-courants nous immobiliser. Mon trophée le plus précieux fut une rencontre, un jeune homme nommé Marc. Sportif de haut niveau et paraplégique, sans emploi, il incarnait à lui seul les défis que j'aime relever. J'ai créé un poste sur mesure, celui de responsable des réservations, une place où sa condition n'entravait pas son talent.

La roue de la fortune tournait et après une formation adaptée, Marc devenait non seulement un pilier de l'organisation, mais il apportait avec lui un esprit d'équipe contagieux. Certes, ses soins médicaux le contraignaient à un mi-temps, mais chaque minute de sa présence était un investissement rentable.

Un midi, alors que Marc glissait dans l'ombre de la réception pour aller déjeuner, il croisa un client en attente. Avec l'assurance des braves, il lui offrit son aide. La scène se déroulait sous mes yeux. Marc, naturellement, s'était comporté en réceptionniste accompli. L'idée m'a frappé comme un coup de foudre : pourquoi ne pas le placer au front, face au client, au cœur de l'action ?

Marc sourit à ma proposition, son visage s'éclaira d'un mélange de crainte et d'envie. Son objection fut celle que la société chuchote souvent, celle des apparences, des attentes stéréotypées. Mais j'étais décidé à bousculer ces normes. « Compliqué pour qui ? » fut ma seule réponse. Marc accepta.

Les premières semaines furent un ballet minutieusement orchestré. Les clients, habitués à être accueillis par des silhouettes debout, découvraient un talent assis, et peu à peu, l'inhabituel devenait la norme.

L'absence de Marc était maintenant remarquée, ses conseils recherchés, sa présence requise. Il avait non seulement gagné sa place, mais avait changé la donne.

La Bernache d'Argent vint couronner cette année-là, récompensant la confiance incarnée, le courage d'innover, de transformer. Cette distinction n'était pas qu'une tape dans le dos, mais la reconnaissance d'un changement opéré.

Il était cependant temps pour moi de m'éclipser, de chercher de nouveaux horizons. Comme un metteur en scène qui sait que la dernière représentation doit laisser le public en haleine, je savais qu'il était l'heure de passer la main, de laisser la scène à d'autres visions, d'autres ambitions.

La Symphonie du Respect

2006. C'était l'année où l'on aurait dit que l'hôtel de Tours avait été scellé avec le sceau de l'infamie, gravé aussi profondément dans le mur que les initiales des amoureux transis dans l'écorce d'un vieux chêne. Pourtant, en dépit de cette réputation peu enviable, mon chef miroite devant mes yeux l'opportunité scintillante d'une année dans une école de commerce à l'ESCP. L'objectif était que je reste une année de plus et lui laisse le temps d'orchestrer ma succession. Comment refuser une telle proposition ?

Je me suis donc retrouvé à jongler entre mon petit royaume tourangeau et les salles de conférence parisiennes, une véritable aventure intellectuelle. Au fil des cours, j'ai fréquenté des esprits venus de tous les vents, mais j'ai surtout eu cette révélation – quelque peu cynique, je l'admets – que l'ultime quête d'une entreprise n'était pas tant de tisser des liens humains que de remplir son coffre-fort. Le développement personnel de l'équipe, c'était du bonus, à condition que ça rime avec les intérêts sonnants et trébuchants.

Mais à peine avais-je le temps de savourer cette philosophie capitaliste qu'un vent de révolte soufflait sur l'Hôtel de Bercy Village. Une grève ! Et devinez qui fut appelé à éteindre l'incendie tout en tenant les rênes de Tours ? Votre serviteur, bien entendu. La raison de cette agitation ouvrière était un chef cuisinier avec l'insigne du syndicat Sud sur la toque.

Pour ne pas faire simple, j'ai aussi décidé que c'était le bon moment pour bâtir une maison au sud de Paris, un petit nid douillet pour la marmaille. Je me demande encore comment j'ai réussi à ne pas m'écrouler sous le poids des responsabilités ou sous celui des cernes.

Mon arrivée à Bercy était comme un premier acte de théâtre, mais les comédiens avaient pris les commandes de la scène et la direction se terrait dans les loges. Même le directeur avait pris la poudre d'escampette, en vacances à des milliers de kilomètres, fort opportunément, le jour avant que le personnel ne se mette en grève. Coïncidence ? Je ne crois pas.

Ma première mission a été de rencontrer les cadres terrifiés qui n'avaient pas vu venir la tempête, alors qu'on sait tous qu'un incendie commence toujours par une petite étincelle. Il était temps de jouer les détectives et de démêler les fils de ce désordre.

Mon nouveau chef me tendait une baguette magique, la permission de réorganiser toute l'équipe de cadres pour redresser le navire. Mais plutôt que de jouer l'apprenti sorcier, j'ai choisi de croire en la métamorphose, de parier sur ces visages défaits par la déroute, animés malgré tout d'une bonne volonté palpable. Ma quête serait de transformer ce naufrage apparent en victoire, avec les mêmes matelots.

Le premier à passer le gué de mon bureau fut le chef cuistot, délégué du syndicat Sud, aussi engageant qu'un rayon de soleil en plein hiver, mais avec le bémol d'avoir lancé une grève en catimini, pendant l'absence du capitaine. Notre dialogue fut d'une politesse exquise, mais lorsque vint sa requête, celle de licencier le responsable de la restauration et l'adjointe de direction accusés d'être l'abcès de l'équipage, je me permis une pause. Il semblerait que sur les soixante âmes à bord, vingt-trois voguaient à sa suite. Intéressant.

« Accordez-moi 24 heures de réflexion », lui dis-je, masquant mes stratagèmes derrière un sourire mystérieux. Et tandis que les aiguilles du temps filaient, j'examinais mon nouveau royaume, ses couloirs, ses salles, son personnel au travail, comme un général inspecte le champ de bataille avant l'assaut.

Lorsque l'heure du rendez-vous sonna le lendemain, le délégué trouva un homme transformé devant lui. Sans lui laisser souffler le moindre mot, je dévoilais mon dilemme, j'avais, dis-je, sondé les profondeurs de l'équipage et tous les doigts pointaient vers lui – un pur bluff pour le désarçonner. Et, telle une épée de Damoclès, je lui fis miroiter son propre licenciement... avant de lui offrir une alternative. « Travaillons ensemble, apprenons à connaître l'équipage, donnons-leur une chance de briller », dis-je. L'inexpérience et l'envie d'apprendre luisaient dans ses yeux. Il acquiesça sans hésiter.

Et le miracle se produisit : deux jours plus tard, chaque membre était à son poste. Pendant ce temps, j'habillais mon équipage de confiance en eux, insufflant du courage dans leurs veines et prenais sous mon aile notre délégué. Après tout, mieux valait qu'il soit façonné par mes soins, pour que je tienne les rênes de notre cours.

Six mois s'écoulèrent et le moment vint de dire adieu au responsable restauration, un homme au leadership érodé, inapte à diriger une équipe. Sa remplaçante fut une femme, choix stratégique comme un coup de maître dans un jeu d'échecs pour apaiser les mâles dominants et leurs jeux de pouvoir. La présence féminine tranchait dans le vif de la compétition virile. Radical, en effet !

BONJOUR, MERCI, TOUTES MES EXCUSES

Laissez-moi vous initier à une technique d'aquarelle managériale, simple en apparence, mais d'une profondeur insondable : la méthode « Bonjour, Merci, Toutes mes excuses ».

L'élégance d'un « Bonjour » sincère est la toile de fond de toute interaction humaine. Je revois l'image de ma tendre mère, dans le halo du foyer familial, me rappelant, comme une litanie sacrée, de saluer chaque personne que je croisais d'un « Bonjour » clair et joyeux. Ce rituel, enraciné dans l'enfance, établit une connexion universelle, un pont entre les âmes. C'est le sel de la terre de nos relations quotidiennes et en tant que leader, c'est le premier pas vers un ballet harmonieux avec votre équipe.

Le « Merci » est l'acte de grâce du manager sage, un symbole puissant qui, pourtant, glisse trop souvent entre les mailles du filet de l'oubli. Dans la cacophonie des jours pressés, ce mot reste un phare dans la nuit, illuminant l'acte accompli, la tâche achevée. Il reconnaît, il valorise, il réchauffe. « Merci » est l'huile qui adoucit les rouages de l'entreprise, une caresse sur l'échine du dévouement.

« Toutes mes excuses », quant à elles, sont les notes les plus délicates de la symphonie managériale. Elles sont l'antidote à l'orgueil, le contre-pied de l'arrogance. Quand une faute est commise, un manager peut choisir de s'ériger en forteresse ou de devenir le pont sur lequel le dialogue pourra reprendre. En présentant ses excuses, il reconnaît l'humanité partagée, les failles communes et ferme la porte à l'escalade de la discorde. Ce n'est pas un signe de faiblesse, mais la marque indélébile de la grandeur.

Cependant, le refrain des excuses ne doit pas devenir le chant du cygne de votre autorité. Si « toutes mes excuses » deviennent le leitmotiv de votre conduite, alors peut-être est-il temps de céder la baguette d'orchestre à une main plus ferme.

Cette méthode n'est pas une formule magique, mais plutôt un art de vivre, une poésie quotidienne. Dans ce triptyque, « Bonjour, Merci, Toutes mes excuses », réside une sagesse atemporelle, qui, si elle est pratiquée avec cœur, transformera votre management.

Le phénix de l'hôtellerie parisienne, voilà ce que nous sommes devenus. Quelques mois auparavant, l'équipe de direction ressemblait à une barque perdue dans la tempête, mais maintenant, nous faisions figure de navire amiral sur les flots tumultueux de l'industrie. La RRH ? Une perle, cette femme. Au retour de vacances, elle a finalement compris que sa véritable priorité n'était pas de s'engloutir dans l'abîme des courriels, mais de voguer vers nos équipiers, leur offrir son temps précieux et leur prouver qu'ils comptaient vraiment. Un véritable pilier, indispensable à mon quotidien.

Pendant ce temps, je mets un point final à mon aventure éducative à l'ESCP. Mon mémoire, ce gros bébé de quarante pages, a accouché d'un beau 14/20, la fierté de ma vie d'étudiant.

Ma maison, mon havre de paix, est enfin bâtie et ma tribu m'y rejoint. Le proverbe dit qu'un homme est multiplié par deux avec la bonne partenaire. Isabelle, c'est ma bonne étoile, l'architecte de notre foyer, l'amirale de nos déménagements successifs. Ma complice, dans les tempêtes comme dans les bonnes fortunes. Ma force.

Alors que je croyais que la page se tournait sur l'hôtel à la dérive, mon patron m'offre sur un plateau d'argent le joyau de la couronne hôtelière, situé dans le 15e arrondissement, à l'ombre de notre Dame de Fer. Il peint l'hôtel comme un paradis terrestre, avec des chiffres aussi scintillants que le lustre du hall et une équipe de direction aussi solide qu'un vieux chêne. « Facile », qu'il dit. Mon rôle est celui d'un orchestrateur de bonne ambiance et diplomate avec le syndicaliste en chef. Un jeu d'enfant... du moins, en théorie.

Les Masques de Minuit

2008. L'année où je deviens capitaine du navire hôtelier par excellence, 2008, l'année de la crise financière et, comme je l'apprendrais rapidement, des crises de management cachées derrière chaque porte dérobée de l'établissement.

Sur le papier, tout était un rêve de douceur : des managers brillants comme des cuillères en argent, un directeur sortant tellement détendu qu'on aurait dit qu'il partait en vacances perpétuelles et une équipe qui semblait naviguer sur des eaux tranquilles. Mais derrière cette vitrine impeccable, il y avait plus de saletés cachées sous le tapis qu'on ne trouve de poussière dans un vieux grenier.

Il ne m'a pas fallu longtemps pour réaliser que le fleuron de la flotte avait des rats dans la cale. Et pas des problèmes de broutilles, non. Nous parlons de vols, de substances illicites et de services nocturnes qui n'étaient certainement pas inscrits dans le guide de l'hôtel. C'était comme si tout l'équipage connaissait les pas de la danse interdite. Chacun ferme les yeux sur les fautes de l'autre pour que le bal continue.

L'astuce, dans ces cas-là, c'est de dénicher le maillon faible, celui qui, sous la pression, laisse échapper tous les secrets.

Ce fut le responsable de la restauration qui, lors d'un entretien sur ses chiffres de gestion plutôt flous, a ouvert les vannes des confidences. Il a déballé toute la recette de la fraude, y compris la liste des petits chefs d'orchestre de cette symphonie de l'ombre. Avec cette carte en main, je convoque l'illustre délégué syndical pour une discussion du genre sérieux. « Voilà le tableau », lui dis-je, « on peut soit sortir le balai et faire le ménage ensemble, soit je serai forcé de rompre les liens avec douze collaborateurs, dont quelques-uns de ton équipe. Ça ne serait pas joli-joli pour l'image, tu ne trouves pas ? »

La coopération s'est avérée fructueuse. En l'espace d'un an, nous avons économisé plus de 70 000 euros en marchandises égarées et redressé la barre des finances de la restauration. Et quel fut le paradoxe délicieux de cette histoire ? Les employés, loin d'être lésés, ont trouvé leur part du trésor avec le déclenchement d'un intéressement collectif, une prime qui leur avait échappé depuis des lunes.

L'année 2008 avait ses ombres, et l'une des plus sombres était sans conteste le petit commerce de charmes qui se tenait entre nos murs, comme dans beaucoup d'autres établissements de la capitale. Une activité souterraine que j'étais déterminé à éradiquer, mais laissez-moi vous raconter avec quel panache cela s'est déroulé.

Chaque matin, tel un rituel peu orthodoxe, notre équipe exfiltrait une poignée de ces dames de l'aube, entre cinq et huit, toutes ayant réservé de la même manière et toujours avec des liasses de billets fraîchement imprimés. Un jeu d'enfant pour mettre la main sur elles. Nous collaborions avec les autorités, échangeant des noms et des adresses mail, pour confirmer leurs identités avant de gentiment les reconduire vers la sortie.

Tout allait pour le mieux dans cette lutte contre l'illicite jusqu'à ce qu'une révélation vienne frapper à la porte de mes convictions. Mon chef de l'hébergement, un esprit brillant et ambitieux diplômé d'une grande école de commerce, me présente une infirmière dont la beauté n'avait d'égal que la régularité de ses séjours chez nous. Pendant plus d'un an, cette image de professionnelle dévouée n'avait suscité aucun doute jusqu'à ce que, par un concours de circonstances, je découvre la vérité en pleine lumière, ou plutôt en pleine ombre de couloir.

Cette "infirmière", vêtue de son uniforme de travail bien peu conventionnel, m'ouvrit les yeux sur une tout autre réalité. Certaines des femmes de chambre, complices, troquaient discrétion et draps propres contre un modeste pourboire. Mon sens du devoir me pousse alors à frapper à sa porte. Sans ambages, je lui fais part de mon savoir et lui demande de cesser ses activités et de quitter les lieux. Elle, sans se démonter, m'invite à entrer, arguant qu'une explication s'impose. Je refuse, bien sûr, les caméras du corridor étant les témoins muets et infaillibles de ma conduite.

C'est alors qu'elle me lance, avec l'assurance des joueurs tenant toutes les cartes, qu'elle sera bientôt de retour. Après tout, ses charmes auraient conquis tant les forces de l'ordre locales que mon propre chef d'hébergement. L'ironie de la situation était si pesante que j'aurais pu en rire si ce n'était aussi tragique.

Il apparut clairement que la corruption avait tissé sa toile jusqu'aux réceptionnistes de nuit. Entre drogue et complicité, tout le monde avait quelque chose à se reprocher. Il ne me restait plus qu'à nettoyer ces écuries d'Augias, une tâche ingrate, mais nécessaire pour assainir l'atmosphère.

Quel gâchis pour ce jeune cadre prometteur, qui aurait pu gravir les échelons du succès au sein du groupe, mais qui s'était égaré sur un chemin pavé de mauvais choix. Son potentiel gâché était le prix d'une éthique professionnelle éclipsée par les tentations nocturnes.

LES RUMEURS

En marchant sur le chemin sinueux de vos projets et de vos rencontres, souvenez-vous que chaque histoire a son revers, chaque médaille son côté sombre. Il ne s'agit pas de chercher les failles avec obsession, mais d'être conscient de leur possibilité. La vie est un tissu de vérités entremêlées et parfois, la lumière se trouve justement en regardant sous le tapis, là où les autres se contentent de marcher.

Cette démarche n'est pas un fardeau, mais peut devenir un jeu d'observation, une enquête passionnante où chaque indice vous rapproche de l'authentique. Et dans cette authenticité, on trouve des échos de notre propre expérience, des résonances qui nous aident à nous comprendre nous-mêmes et le monde avec un peu plus de clarté.

Dans le petit monde d'un groupe hôtelier de renom, ma vie a été pimentée par la présence d'un personnage qui semblait sorti d'un roman de Tom Wolfe, un certain Jean Jacques M.. Imaginez un peu le tableau : un colosse au timbre de baryton, chevelure argentée en bataille, et ce petit je-ne-saisquoi d'américain dans l'allure, comme si Hemingway avait décidé de prendre sa retraite à Paris.

Chaque matin, alors que la ville bâillait encore, j'avais le privilège de le rencontrer au café de l'hôtel. Il prenait toujours place dans un coin stratégique, tel un général observant le champ de bataille. D'un œil il surveillait les clients émergeant de l'ascenseur, de l'autre il scrutait l'effervescence de notre brigade matinale. Ce Jean Jacques, disons JJ pour les intimes, allait devenir une sorte de phare dans le brouillard de ma carrière.

Le bonhomme était une encyclopédie vivante qui marchait sur deux jambes, une vision en 360 degrés, une machine à analyser et résoudre les problèmes avec une aisance qui frisait l'insolence. Prof à la Léonard de Vinci, sa bio se lisait comme un miroir de la mienne : l'autodidacte qui s'élève, du vendeur au consultant, du formateur au chercheur. À soixante-quinze printemps, le bougre s'attaquait à un Doctorat, avec une thèse qui aurait pu être un best-seller dans le monde académique.

Voilà que JJ, avec la malice d'un mentor qu'on ne voit venir, commence à me titiller l'ambition. Selon lui, mes vingt-trois ans chez le même groupe hôtelier, aussi enrichissants soient-ils, ne suffiraient pas à garnir mon CV de consultant. « Trop monochrome », disait-il. Et dans ce métier, il faut une palette plus variée pour peindre sa crédibilité face aux grands de ce monde.

C'est ainsi que sous son aile, je commence à envisager ma mue : consultant, coach, voire mentor. JJ me souffle de diversifier mon parcours, de changer d'enseigne et de cap. Il me fait voir que le chemin professionnel n'est jamais vraiment fini, et que chaque expérience est une couleur de plus sur ma toile. Alors pourquoi pas, me dis-je, ajouter quelques coups de pinceau audacieux à mon œuvre ?

TOUJOURS AVOIR UN COUP D'AVANCE

Il s'agit moins d'une course à l'égo que d'une danse subtile avec le destin professionnel.

Cultiver une réserve d'atouts, tel un joueur d'échecs qui, dans le secret de son esprit, ourdit déjà le prochain coup maître, c'est là un art à affiner jour après jour.

Parfois, le jeu s'enraye et les pions à jouer manquent sur l'échiquier. C'est dans ces moments, quand le coffre semble vide, qu'il faut puiser dans sa créativité, inventer, si nécessaire, ce coup d'avance qui s'est dérobé. Le forger de toute pièce avec l'alchimie de votre expérience et de votre intuition.

Le Chef d'Orchestre Canin

2011. L'année où mon ambition de diriger les opérations frémit en moi comme un espresso trop serré. J'étais convaincu d'être taillé pour le rôle, polyvalent, compétent, un vrai couteau suisse humain. Pourtant, après une conversation avec le DRH France, j'ai compris que ma carrière était comme une pâte à pizza entre ses mains et il n'avait pas l'intention de m'étaler sur le grand plateau des opérations. « Avec ton bagage en management social, tu es un magicien des cas complexes, pas un dompteur de tableaux de bord », voilà ce qu'il m'a lancé. Comme recevoir un seau d'eau froide après un sauna.

Et puis, comme un claquement de doigts après un tour de magie, la directrice des opérations Paris entre en scène. Elle a vent de mes exploits, de mon don pour apaiser les tensions sociales comme on calme une mer agitée. Elle me propose un défi : remettre de l'ordre dans une de ses auberges turbulentes. « Trois à six mois pour rétablir la paix et l'ordre », me dit-elle. Mais moi, je suis de la vieille école, je ne suis pas un micro-onde. Je mijote, je prends mon temps pour concocter du solide. « Si c'est pour bâcler le travail, autant embaucher un autre cuisinier », lui ai-je rétorqué. Elle a finalement cédé à ma sagesse culinaire.

Ainsi, je me suis retrouvé plongé dans un chaos culinaire où les cuisiniers étaient les maîtres, le dialogue avec les serveurs était coupé et la recette financière menaçait de brûler au fond de la marmite. Un menu typique de ma carrière, mais cette fois, je détenais le secret de la sauce parfaite.

Je me souviens de ce jour, aussi clairement que si c'était hier. Ma chère épouse et moi, pris par une envie soudaine d'agrandir notre petite famille. Pas d'un enfant. Nous avions déjà passé l'âge des couches et des biberons. Un chien, voilà ce que nous voulions. Direction la S.P.A., pour offrir une nouvelle chance à un de ces compagnons à quatre pattes. Mais, le choix ne nous a pas appartenu. C'est un cabot aussi rusé que charmeur qui s'est jeté sur moi et a marqué ses nouvelles terres d'un filet jaunâtre sur mes chaussures. Anecdote canine... Pas vraiment.

Sortant du refuge, notre nouveau gardien en laisse, un jeune homme nous aborde, un coach canin. Je lève un sourcil. « Vous avez des astuces pour notre ami ici ? » Il sourit et me lance une phrase qui allait s'imprimer dans ma mémoire : « quand j'ai un problème avec un chien, c'est le maître que je dresse. » Révélation. Ce n'est pas l'animal le problème, mais le guide. L'enseignement est limpide.

Dans l'art du management, la symphonie est identique. Une équipe qui vacille, cherchez le chef d'orchestre. En me retournant sur mon parcours, la vérité me frappe comme une fanfare en pleine face. Des dirigeants égarés, des responsables écrasés par le poids de leur titre sans en porter l'autorité, c'est toujours la même mélodie du chaos. Un leader défaillant peut transformer l'harmonie d'une entreprise en une cacophonie financière et qualitative. Voilà la leçon tirée de mon ami canin, une vérité aussi claire et mordante que les crocs d'un berger allemand fidèle à son maître.

LA MÉTHODE DU COACH CANIN

En milieu professionnel, lorsqu'une équipe vacille, souvent, c'est le reflet d'un leadership en déséquilibre. Il ne s'agit pas de chercher des coupables, mais des solutions.

Analyser, comprendre, équiper et accompagner le responsable vers une croissance qui bénéficiera à tous, tel est le chemin de la sagesse managériale.

Toutefois, si le mal est trop ancré et résiste à la guérison, le courage de changer de capitaine peut parfois s'avérer nécessaire pour sauvegarder le navire. La justesse de cette approche réside dans la délicatesse de son application, toujours teintée d'humanité et de bienveillance.

L'empreinte de l'inattendu

2013. C'était l'été des grandes délibérations : trouver un camping accueillant les chiens en Espagne se révélait aussi aisé que d'apprendre à mon chien à me servir un café le matin. Finalement, ma tendre épouse et moi, avec notre fidèle canidé, atterrissions dans un éden landais, cinq étoiles et un lac comme décor. Le séjour est idyllique, si l'on omet une gastronomie qui flirtait avec le niveau de la mer... basse.

Épris d'un élan de citoyenneté estival, je partageai mes réflexions culinaires avec le maître des lieux. Qui aurait cru que cet échange serait la graine d'une offre d'emploi des mois plus tard ? Le propriétaire du camping, fraîchement cédé à des ambitieux rêvant de révolutionner l'hôtellerie de plein air, cherchait un directeur des opérations. Moi. À la suite d'un marathon de huit entretiens, j'embrassais ce poste taillé à la mesure de mes aspirations.

Quitter le giron de ce groupe hôtelier après vingt-six ans, c'était comme quitter le nid familial pour un appartement avec vue sur la vie d'entrepreneur. Me voici dans un microcosme où trois âmes, une DG, un développeur et votre serviteur s'échinaient à bâtir un empire du loisir.

Adieu le cocon douillet d'une grande entreprise ; bonjour l'aventure avec un grand A, un monde où la finance était un tableau Excel et la direction des ressources humaines, une casquette parmi d'autres sur mon portemanteau.

Quatorze trimestres plus tard, le triomphe : sept campings parmi l'élite de l'hôtellerie à ciel ouvert. Pourtant, il était temps pour moi de plier bagage, non pas pour cause d'échec, mais d'un désaccord fondamental avec les valeurs du nouveau commandant.

L'ART DE L'ADAPTATION

L'essence de nos succès réside souvent dans une vérité simple : l'authenticité de nos actes. C'est une mélodie qui résonne avec clarté lorsque l'on reste fidèle à sa propre partition, sans chercher à jouer des notes qui ne nous appartiennent pas.

L'adaptabilité est un art qui s'accorde avec l'authenticité. Elle ne dicte pas de changer qui nous sommes, mais plutôt de savoir jouer différentes mélodies avec la même sincérité. Il s'agit de capter les nuances des domaines qui nous sont étrangers, d'y découvrir de nouvelles harmonies et d'apprendre à les interpréter à travers le prisme de nos propres expériences.

C'est dans cette harmonie entre ce que nous sommes et ce que nous pouvons devenir, sans jamais dénaturer notre essence, que se trouve une valeur inestimable. Le partage de notre vérité sans prétention, l'écoute des conseils sans jamais perdre notre voix, voilà la véritable cadence d'une symphonie dont chaque vie est l'auteur unique.

Révolutions et Résolutions

2016. Il est bien curieux ce clin d'œil du destin qui me ramène à la porte du grand groupe hôtelier. Ils m'appellent au chevet d'un hôtel en délicatesse à Bagnolet. Ce n'est pas n'importe quel hôtel, c'est le pionnier parisien d'un célèbre duo, érigé en même temps que cette fameuse ceinture de bitume, notre périphérique adoré.

Ce grand corps hôtelier souffre, paraît-il, de maux sociaux chroniques. Qu'à cela ne tienne, gérer les turbulences humaines, c'est ma tasse de thé, même si elle est parfois amère. En enfilant le costume de réformateur, je décide d'appliquer à la lettre les leçons partagées dans ces pages. Mais ici, les enjeux sont plus corsés, les esprits plus rebelles. Chaque initiative bienveillante se heurte à un mur de méfiance, chaque manager fraîchement émoulu est accueilli avec scepticisme. Qu'à cela ne tienne, j'arbore ma plus belle toque de stratège et opte pour un changement de tactique.

Mon directeur d'exploitation s'en allant, une idée saugrenue me traverse l'esprit : et si l'équipe choisissait son prochain capitaine ? Si tout ce qui émane de la direction se fait rejeter, peut-être qu'une proposition née des rangs sera accueillie à bras ouverts ?

La méthode de recrutement :

Imaginez-vous en directeur de casting d'une pièce de théâtre, où les candidats sont les acteurs en devenir d'un Hôtel à la dramaturgie sociale bien corsée. Voici la scène : une brochette de postulants qui semblent sortis d'un CV parfait. Vous en choisissez trois, les crèmes de la crème, ceux avec qui vous vous voyez déjà partager le café du matin et les décisions du soir.

Entre en scène un comité de sélection aussi hétéroclite qu'un jury de festival de cinéma : huit âmes choisies pour leur diversité, la parité hommes/femmes en étendard. Du benjamin de l'établissement au sage ancien, du stagiaire plein de fougue au chef de service aguerri, sans oublier ce cher représentant du personnel, tous y passent. Ajoutez à cela une pincée de services variés pour un mélange des saveurs.

Nos amis les partenaires sociaux, dans un premier temps, tournent les talons, pas vraiment enchantés par cette fantaisie. Alors, j'ai usé d'un peu de malice : des affiches placardées partout, avec un trombinoscope des volontaires et... surprise, un emplacement vide à leur effigie. La curiosité piquée, ils reviennent dans la danse.

Chaque membre du jury prépare son interrogation, pas de redite permise. Le grand jour débarque, les entretiens se succèdent et deux candidats arrivent en tête, nez à nez. Le jury se tourne alors vers moi, espérant une sentence finale. Mais, je leur lance le défi de trancher. Le verdict tombe et un nouveau directeur d'exploitation est couronné.

Pourquoi toute cette comédie ? La réponse est simple, aussi savoureuse qu'un bon vin : le jour où un délégué syndical a critiqué mon directeur, j'ai pu, avec un sourire malicieux, lui rappeler que ce n'était pas « mon » choix, mais « le leur ». Quel délice !

Il ne faut jamais se satisfaire de ce que nous avons et surtout de s'enrichir de ce qu'il se passe ailleurs pour parfois trouver des solutions.

En voici l'exemple : le vendredi dans l'hôtel, c'est la Coupe du Monde et le Super Bowl réunis. Imaginez le ballet : l'homme d'affaires échange sa mallette contre le sac à dos du touriste, chacun dans une course effrénée contre la montre. Des chambres qui se vident et se remplissent dans une danse frénétique, six cents au revoir matinaux et six cents bonjours, avec au moins trois cents impatients qui débarquent avant que le soleil n'atteigne son zénith. Sourire à 11 heures est une gageure digne d'un numéro de cirque.

Les critiques fusent comme des flèches : « réceptionniste à l'amabilité d'une porte de prison, attente plus longue qu'un jour sans pain, chambre aussi prête qu'un adolescent à l'aube de son réveil... »

Et puis, un dimanche matin printanier, je suis sur le bord d'un terrain de football américain, l'air est rempli d'encouragements, les joueurs courent, les parents applaudissent, mon garçon au milieu de ce spectacle sportif, et là, une idée surgit, limpide comme une passe réussie.

Une équipe de football américain, c'est deux formations : l'attaque et la défense. L'attaque avec ses éclairs de vitesse, ses colosses pour protéger le ballon, et la défense, mur infranchissable, prête à transformer n'importe quelle interception en une remontée spectaculaire.

Dans notre hôtel colossal, nous avons notre propre match : le back-office, notre défense, qui gère les réservations, et le front office, notre attaque, qui fait face aux clients. Le parallèle est facile à faire.

Voilà le plan : l'équipe du matin, après avoir joué en défense, prendra la relève en attaque, fraîche et dispo, tandis que ceux du front office, après avoir donné le meilleur d'eux-mêmes dans l'arène, pourront souffler en back-office. Résultat ? Une équipe accueillante, souriante, efficace et un vendredi qui devient moins bataille et plus victoire.

L'ÉCHIQUIER DE LA VIE
PROFESSIONNELLE

L'art de diriger, c'est l'art de placer chaque pièce sur l'échiquier de la vie professionnelle avec une précision chirurgicale. C'est une valse complexe, une chorégraphie silencieuse où chaque danseur, chaque collaborateur doit trouver sa place, au moment juste, pour que la symphonie du travail s'harmonise avec la mélodie du succès.

Cela nécessite une remise en question constante, une vigilance qui ne dort jamais, prête à interroger l'ordre établi, à douter de la routine pour en extraire des pépites d'innovation.

Pourquoi suivre le chemin balisé quand le terrain inconnu offre la richesse de l'inattendu, quand l'erreur même peut se transformer en une découverte sublime ?

S'égarer n'est pas un signe de faiblesse, mais un pas de danse improvisé sur la musique imprévisible de la vie. Dans cet égarement se trouve le potentiel de se redécouvrir, de redéfinir ses limites et d'innover.

Un Midi de Rêves

2017 ! Une année mémorable où les mois s'égrainaient comme des perles sur un collier. Cinq trimestres après un tournant professionnel, j'ai levé mon verre en l'honneur de l'ancien magnat du groupe, promu roi des campings sous le soleil chaleureux du midi. Notre rencontre s'est scellée autour d'un déjeuner sur une terrasse baignée par le soleil, où les mets rivalisaient avec les stratégies d'entreprise.

Je m'attendais à une digestion tranquille, mais voilà que le dessert arrive avec une cerise inattendue : une offre pour diriger les opérations au sein de ce paradis des caravaniers.

Comme toujours, ma chère et tendre, était prête à prendre le train de mes ambitions, une valise de confiance dans une main, une carte de fidélité dans l'autre.
Ainsi, nous voilà partis, explorateurs d'une vie nouvelle sous le ciel azuré. La chasse aux demeures nous mena à la porte d'une bâtisse que ma douce Isabelle avait snobée sur papier glacé. Mais l'ironie voulut que ce fut cette même maison qui

nous charma. Pas tout à fait un coup de foudre au premier regard, mais plutôt une histoire d'amour qui commença par un « Et si ? ». Une carcasse endormie, mais avec des rêves de chambres d'hôtes tapis dans chaque recoin poussiéreux. Notre vieux rêve, comme un bon vin, prêt à être débouché.

Vertiges en Plein Air

2018 et la fraîcheur de janvier ! Alors que la plupart sabrent le champagne, me voici catapulté capitaine des opérations chez un leader de l'hôtellerie de plein air avec son escadron de cinquante campings pleins de peps et d'ambitions. J'avais deux acolytes, des directeurs d'exploitation qui connaissaient mieux l'asphalte que les sourires de nos vacanciers. Quant à ma place dans ce joyeux bordel, elle était aussi stable qu'une girouette en plein mistral. Un jour, j'étais dans le saint des saints, le Comité exécutif et le lendemain, je jouais les figurants dans un Comité de direction à rallonge, le tout sous un chef qui aimait son reflet plus que les résultats.

Malheureusement, le château de cartes n'a pas résisté à la brise d'une crise financière, une petite tempête dans notre mare de tranquillité, agitée par une gestion, disons... optimiste. Exit la vieille garde et bienvenue à la nouvelle vague avec à sa tête un nouveau shérif qui ne rigolait pas avec les badges. Me voilà bombardé général en chef des campings, avec la mission, si j'acceptais, de redresser la barre pour faire reluire la boutique en vue d'un futur marché aux puces.

Ma partition se calait sur les opérations, mon domaine de prédilection. Pendant quatre saisons, j'ai jonglé avec les chiffres, taillé dans les coûts, le tout avec la précision d'un horloger suisse.

Naviguer dans la Tempête

2020. Notre invité surprise, le Covid, ce farceur macabre !
Les rangées de bureaux se vidaient plus vite qu'un fût de
bière à l'Oktoberfest, des ordinateurs arrachés aux prises
comme des carottes sauvages.

Je revois la grande évasion, nos campings évacuant des
vacanciers presque aussi vite que mes souvenirs d'un Médoc
moins tourmenté, tandis que le maire, les yeux écarquillés,
m'implorait de ne pas transformer son paisible hôpital en un
festival de la toux. « Monsieur Bolen, nous n'avons que sept
lits ! », criait-il, tandis que je voyais déjà les titres des
journaux : le Camping de l'Apocalypse !

Même cadenassé chez nous, le moteur n'a pas calé. Après
quelques jours de remue-méninges et de sueurs froides, tel
un vieux moteur diesel, nous avons crachoté et nous
sommes repartis de plus belle. Des plans de communication
aussi réguliers que des séances de gym, changeant nos
tactiques avec la fréquence d'un caméléon sous les néons

d'une discothèque. « Communication ! », mon cri de ralliement, le seul moyen de garder l'équipage à bord et d'assurer qu'ils ne dormiraient pas sur leurs lauriers.

Et le jour béni de l'annonce gouvernementale, où, plus speed que des lycéens à la sonnerie de fin de cours, nous nous sommes préparés à rouvrir les portes de notre paradis terrestre en trois semaines, un défi pour les plus téméraires, une course contre la montre qui ferait pâlir un marathonien.

Les résultats ne se sont pas fait prier. Un compte d'exploitation qui chante et des recettes qui s'envolent, comme des cerfs-volants par un doux après-midi d'été. Un tableau que même le plus cynique des critiques aurait du mal à éreinter !

COMPOSER AVEC CONFIANCE ET EXPERTISE

En trame de fond de chaque décision, de chaque stratégie déployée au cœur de la tempête, il est une philosophie de leadership qui transcende l'ordinaire pour façonner l'extraordinaire.

- Se constituer une garde rapprochée, ce n'est pas seulement s'entourer de compétences, mais d'esprits en qui la confiance n'est pas un mot vain, mais la pierre angulaire de toute action. C'est la symbiose des talents qui engendre la magie d'une gestion harmonieuse, où la règle est transmise non pas comme un fardeau, mais comme une partition jouée en chœur.

- Lorsqu'il s'agit des rôles et des responsabilités, la clarté n'est pas une option, mais une nécessité impérieuse. Dès l'aube d'un projet, chaque membre de l'équipage doit connaître sa place, son importance, afin que jamais ne naisse cette danse du

« ce n'est pas moi, c'est l'autre ». C'est dans la définition précise de chaque rôle que s'écrit la symphonie d'une entreprise sans dissonances, d'un groupe uni face aux vagues imprévisibles du marché.

- Que serait un leader sans la sagesse de reconnaître la valeur des services supports ? Ce sont les phares dans la brume des incertitudes. S'appuyer sur l'expertise est un signe de force, une déclaration que l'humilité et la connaissance marchent de pair vers les sommets de l'efficacité.

L'importance vitale de l'entourage, la clarté des rôles et le soutien indéfectible des experts, c'est là le triptyque qui forge les leaders d'aujourd'hui et de demain.

Le Cœur au Sommet

En parcourant ces pages, vous avez navigué sur le fil de mes souvenirs, traversé les tumultes de mes défis et je l'espère, perçu l'écho de mes succès. Ce livre n'est pas seulement le récit d'une ascension professionnelle, c'est l'empreinte de ma vie, le reflet de mon âme d'aventurier dans l'arène des affaires.

De ces expériences découlent une partie des méthodes que j'ai élaborées, non pas infaillibles, mais éprouvées, qui m'ont servi de balises dans le brouillard des incertitudes. À travers elles, j'ai voulu vous transmettre l'essence de ma quête : oser en restant fidèle à soi-même. L'audace de franchir les paliers, l'audace de se réinventer, l'audace de se tenir debout quand le vent souffle contre nos idéaux.

Aujourd'hui, mon récit s'achève, mais une nouvelle page s'entrouvre. Je suis prêt à délaisser la veste du dirigeant pour endosser le manteau du mentor. C'est avec une âme désireuse de partage que je m'apprête à dispenser le fruit de mes expériences à qui voudra bien le cueillir.

Puissent mes mots être le tremplin de vos ambitions et le miroir de vos propres quêtes. Et si mon parcours peut être l'étincelle d'une volonté, le souffle d'une inspiration ou la boussole d'un voyage professionnel, alors j'aurai réussi mon ultime transition : de l'action à la transmission.

Avec toute l'espérance d'un passeur de rêves, je vous laisse aux portes de votre propre légende. Prenez ce bâton témoin avec gratitude, portez-le avec honneur et que chaque pas vous rapproche du sommet de votre propre montagne.

Témoignages

J'ai connu Michel dès sa naissance puisque je suis son parrain.

Je me souviens d'un adolescent en crise, chevelure en bataille, vélomoteur pétaradant, courant les rues plutôt que d'étudier ses leçons jusqu'au jour, il décide de se prendre en main et sa métamorphose sera spectaculaire.

Émigré en Algérie avec sa famille pour suivre son papa, expert dans le monde de l'industrie en mission pour quelques années, il entre à l'école américaine et devient bilingue.

Rentré en Belgique, il va tenter quelques années d'études, mais celles-ci ne seront pas adaptées à son profil. Après une année en Flandre pour apprendre le néerlandais, trilingue, il décide de travailler et gravira tous les échelons de la hiérarchie sociale, de barman à directeur de société.

J'ai eu le plaisir et l'honneur de suivre son évolution à travers ses différentes affectations professionnelles.

Alors qu'à une époque, on s'interrogeait : « Mais qu'est-ce qu'on va faire de lui ? », il a répondu « Je sais ce que je veux et j'y arriverai ». Aujourd'hui, tout est dit.

Fred

***

Il est un moment dans la vie où l'on prend conscience que le passé est le fondement de notre avenir, que chaque étape, chaque expérience contribue à forger la personne que nous devenons. Ainsi, il est un privilège pour moi d'écrire un récit qui reflète non seulement ta carrière remarquable, mais également l'impact de tes choix sur ta vie familiale et les précieuses clés de réussite que tu as accumulées au fil des ans.

Je me souviens de notre première rencontre à l'Hôtel Grand-Place à Bruxelles. Tu es arrivé avec un look qui n'était pas tout à fait en adéquation avec le poste de barman que je cherchais à pourvoir. Jeans délavé, cheveux longs, boucles d'oreilles - ta dégaine était pour le moins décontractée. Mais j'ai rapidement réalisé que l'apparence ne dit pas tout sur une personne.

Ce qui m'a immédiatement marqué, c'est ta personnalité chaleureuse, ta bienveillance naturelle et ton honnêteté palpable. Michel, tu avais ce don précieux de savoir écouter et de tisser des liens avec les autres, des qualités essentielles pour un barman débutant. Tu avais le "savoir-être" inné, une qualité rare que l'on ne peut pas enseigner, mais qui est indispensable pour créer des expériences mémorables pour les clients. Il ne te manquait plus que le "savoir-faire" et bien entendu cela n'a posé aucun problème (sauf pour la réalisation de ton nœud de cravate, probablement ce qui a été le plus difficile à t'apprendre ...).

Je me souviens que tu aimais discuter, que tu avais le désir sincère de comprendre les autres, de les satisfaire, et de faire de leur passage à l'hôtel une expérience mémorable. Tout cela était de bon augure pour quelqu'un qui embrassait sa première opportunité dans l'industrie de l'hôtellerie.

Mais ce qui a vraiment marqué notre collaboration, c'est ta capacité à apprendre rapidement. Ce que tu n'avais peut-être pas en termes de look traditionnel, tu le compensais largement par ta soif de connaissance et ta détermination. C'était évident que tu avais le potentiel pour évoluer bien au-delà de tes débuts en tant que barman.

C'est pourquoi, à un moment donné, il a été décidé de te confier des responsabilités plus importantes en te promouvant à la réception. C'était un pas audacieux, mais tu l'as relevé avec brio. Tu as démontré que ta capacité à apprendre vite et à t'adapter à de nouvelles situations était une force majeure. C'est sans doute ainsi que tu as évolué tout au long de ta carrière professionnelle, passant du rôle de barman à celui de PDG.

Ce livre, Michel, c'est ton histoire. C'est une chronique personnelle qui capture le dynamisme, l'esprit d'entreprise, et le dévouement inébranlable qui t'ont propulsé au rôle de PDG en seulement 128 trimestres. C'est une histoire de succès, d'apprentissage, de persévérance, et de transformation. C'est un récit qui inspirera ceux qui cherchent à atteindre leurs objectifs, à surmonter les obstacles, et à évoluer en tant qu'individus.

Vous découvrirez non seulement les coulisses d'un homme déterminé à réussir, mais aussi les précieuses leçons que vous pouvez appliquer à votre propre chemin vers le succès.

Michel, ton histoire est un témoignage inspirant pour tous ceux qui cherchent à atteindre leurs objectifs, à surmonter les obstacles, et à évoluer en tant qu'individus. Je suis honoré de faire partie de ce récit et d'être témoin de ta remarquable réussite.

Yves

***

C'était à l'automne 1993. Un Français qui arrive en Belgique, pour diriger un des plus beaux fleurons du groupe à Bruxelles sur la Grand Place, ça peut faire des jaloux.

Michel n'est pas de ceux-là ! Il a très vite compris que je pouvais lui apporter quelques « ficelles » du métier, qui le feraient grandir. C'est donc une jolie collaboration qui a débuté entre nous, lorsque j'ai décidé de lui confier le poste de « Sous-Directeur » de ce magnifique vaisseau amiral.

J'avais en effet rapidement identifié chez Michel quelques valeurs humaines et managériales essentielles.

Je préciserais néanmoins, que Michel, au regard de son jeune âge, pratiquait aussi quelques activités « extra professionnelles » qui lui prenaient pas mal d'énergie.

Un recadrage de ma part a donc été nécessaire. Depuis ce jour, nous avons formé un binôme « franco-belge » d'une réelle complicité, qui s'est transformé depuis en une belle amitié !

Je décris ci-dessous, au travers des initiales de son prénom, ma perception du Jeune Manager que j'ai accompagné et qui a bien grandi !

M : Meneur

Il sait faire adhérer et on peut lui faire confiance, certes il prend des risques, saisit des opportunités, mais trouve surtout des solutions. On a envie de le suivre !

I : Irrévocablement Famille

La famille idéale 2 gars 1 Fille que j'ai vu grandir à Bruxelles, puis au Nord de la France, et Isabelle à ses côtés. Il les adore … C'est son « refuge »

C : Challenge

Michel aime les défis, la zone de confort ce n'est pas son truc. Amener une grue en plein centre de Bruxelles pour l'extension de 12 chambres, conduire un camion rempli de vivre et vêtements à Maribor, traverser le désert à pied, ou encore gérer des hôtels de plus de 600 chambres à Paris, enfin DG de plus de 100 Campings ... What Else ?

H : Humain

J'ai découvert un homme prévenant, sensible, bienveillant, sans omettre d'être exigent. Michel sait s'entourer et faire grandir !!

E : Énergivore

Les quelques projets que j'ai pu lui confier ont été vite et bien intégrés, menés avec efficacité. Michel est courageux. Il ne lâche rien !

L : Liant

Ça doit être son côté « belge ». Car je peux témoigner que les Belges sont d'une grande convivialité !

Michel aime échanger, discuter, confronter, partager et donner de son temps aux autres... Qu'ils soient clients, collaborateurs, sans oublier bien sûr son patron.

Voilà en quelques lignes les souvenirs, dont nous parlons encore fréquemment au téléphone ou lors d'un week-end dans le Sud !

Patrick

***

Lors de ma première rencontre avec Michel, il s'est passé quelque chose, tout de suite. C'était en 2006, il arrivait tout droit de sa province pour résoudre une crise sociale dans un hôtel parisien. Il était Directeur, j'étais une jeune Responsable du personnel, un rôle jusque-là très administratif, dans lequel je m'étais un peu enfermée. Michel m'a fait sortir de ma zone de confort, et mon parcours professionnel, et indirectement personnel, a pris une nouvelle dimension. Prendre conscience de sa capacité à gérer des situations complexes, à relever des défis, à construire dans la durée, c'est un challenge excitant ! Le profil de Michel, son fonctionnement, son envie de transmettre et faire grandir peut résonner en chacun, pour se poser les bonnes questions et se fixer des objectifs clairs et réalisables, que ce soit à court, moyen ou long terme. Car non, rien n'arrive au hasard et il est aussi essentiel que stimulant de s'en donner les moyens !

Comment s'est-il naturellement imposé comme manager ? Par sa présence, de l'implication, une écoute active, et ce pour tous les collaborateurs, quels que soient leur poste, leur niveau hiérarchique, leur personnalité et leurs besoins. Pour reconstruire cet hôtel, il a entre autres lancé son « plan à 3 ans », avec un enthousiasme fédérateur. C'est ce goût du challenge qui l'anime, il aime faire face, résoudre les problématiques et faire grandir ses équipes. N'est-ce pas ce à quoi un bon manager porte toute son énergie et son intérêt au quotidien ? Partagez à Michel vos enjeux du moment, vos hésitations, vos angoisses. À la fin de la conversation il vous demandera de reformuler le problème, car dans sa perception, il ne visualise que les solutions et actions à mettre en œuvre ! C'est probablement son optimisme à toute épreuve qui parle, car Michel voit toujours le verre à moitié plein, il cherche en permanence à transformer les difficultés en opportunités et à se fixer de nouveaux défis.

Pour développer cette approche, il a ses méthodes, qu'il prend plaisir à vous dévoiler, d'une manière très naturelle. C'est vrai d'ailleurs, pourquoi vous n'y aviez pas pensé ? Avant d'être basé sur des techniques et formations théoriques, certes essentielles, son management repose sur ses valeurs humaines. Il aime le contact et a un goût prononcé pour les plaisirs simples de la vie, ce bonheur quotidien si facile à partager. Près de 20 ans après, plusieurs méthodes et expressions qu'il m'a transmises résonnent en moi et sont ancrées dans mes fondamentaux. Mes préférées : « On commence à échouer quand on croit avoir réussi » et « la théorie des gros cailloux » qui permet de se recentrer en période de stress, de surcharge ou de doute.

L'homme qui inspire, le père de famille qui rassure, le manager qui guide, voilà la représentation que je peux en faire. Il gagne rapidement la confiance de ses équipes et de ses pairs. C'est un travailleur qui sème, cultive et mérite sa récolte, il partage volontiers sa richesse managériale, vous oriente dans la bonne direction, vers les bonnes personnes et au bon moment.

Avec le recul j'ai du mal à me dire que notre relation professionnelle n'a duré qu'un an, tellement j'ai appris et grandi à ses côtés. Son management m'a permis de prendre mon envol en me donnant des repères, en me faisant affronter mes responsabilités, prendre les bonnes décisions.

La relation que j'ai développée avec lui va au-delà du manager, probablement parce qu'il incarne ce modèle inspirant du bon père de famille qui a, de mon point de vue, réussi à accomplir sa vie personnelle et professionnelle.

Aurélia

Ce livre a été imprimé en France

Dépôt légal : Novembre 2023

Printed in Great Britain
by Amazon